I0060507

Do

O

Otevřené ekonomiky

Colin R. Turner

Do Otevřené ekonomiky
Colin R. Turner

Anglický originál:
  Název: Into The Open Economy
  Autor: © Colin R. Turner, 2016
  Redakční úprava: Krisztina Paterson, Sarah McIver
  Vydal: Applied Image, říjen 2016
  Verze textu: 1.2

Překlad:
  Název: Do Otevřené ekonomiky
  Přeložil: © Petr Diblík, 2017
  ISBN: 978-0-9560640-9-7
  Vydal: Applied Image, srpen 2017
  Vydání: první, 2017

Autor je držitelem všech práv k obsahu díla.
U všech úryvků z této knihy prosím uvádějte autora a název.

Novinky a aktualizace ohledně knihy se mohou objevit na:
colinrturner.com
freeworlder.com

Licenci pro přetisk této knihy za účelem prodeje a bezplatné distribuce může poskytnout autor.

Bezplatné kopie elektronické knihy mohou být poskytnuty za účelem výzkumu a recenzování.

Prosím pište na:
admin@freeworldcharter.org

OD STEJNÉHO AUTORA:

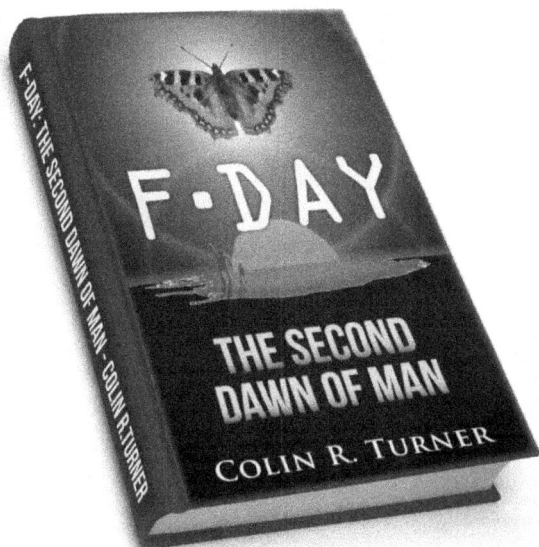

F–DAY: THE SECOND DAWN OF MAN

FIKTIVNÍ DRAMATIZACE ZROZENÍ OTEVŘENÉ EKONOMIKY

★★★★★

ČTENÁŘSKÉ HODNOCENÍ: PĚT HVĚZDIČEK

NYNÍ DOSTUPNÉ NA AMAZONU
(K dispozici pouze v angličtině)

Život je otevřeným tajemstvím.

Vše je dostupné.
Nic není skryté.

Vše, co potřebuješ, jsou oči k vidění.

— OSHO

Obsah

Nabídka

Nabízím tuto knihu v dobré víře jako znepokojený obyvatel Země. Věřím, že mi to k jejímu napsání dává stejnou kvalifikaci, jakou má kdokoliv jiný. Cítím naléhavou potřebu předat některé názory a možnosti alternativní společnosti. Ale než začneme:

> ➢ Jestli hledáte dlouhé vyčerpávající popisy spletitých teorií, tady je nenajdete. Myšlenky zde vyjádřené jsou prosté, protože mnou navrhovaná řešení jsou prostá.

> ➢ Jestli hledáte autoritativní dokument plný citací a referencí, jehož autor má odbornou akreditaci, tady je nenajdete. Všechny názory vyjádřené v této knize jsou založené na zdravém rozumu a každodenní zkušenosti. Jediná moje kvalifikace je čtyřicet osm let životních zkušeností, z nichž posledních pět, od napsání *Charty Svobodného Světa*, jsem strávil rozsáhlým uvažováním nad tímto tématem.

> ➢ Skoro nic v této knize není nové. Prezentované myšlenky už téměř jistě budete znát. Jediné nové je to, jak budeme tyto myšlenky uplatňovat nebo kombinovat.

Pokud s těmito „pravidly zapojení" souhlasíte a zajímá

vás zkoumání úžasných možností naší budoucnosti, pojďte prosím se mnou…

Úvod

Formát této knihy je prostý, stejně jako všechno ostatní na ní. Představím řešení problému nebo alternativní metodu dosažení nějakého cíle a pak vysvětlím, proč si myslím, že to bude fungovat. Důkazy mých tvrzení budou (jak doufám) samozřejmé na základě vaší *vlastní* zkušenosti.

Když dojde na učení nových věcí, nic se nedá srovnat s jejich *prožitím*. Proto si myslím, že tenhle přístup líp poslouží k vysvětlení Otevřené ekonomiky. Než abych zdržoval sebe i vás výkladem obrovského množství dat, můžu vám ukázat, jak to funguje na základě toho, co *už znáte*.

Náš světonázor je zaplavený teoriemi. Teoriemi chování a ekonomiky, o kterých si myslím, že omezují rozsah našich možností.

Vzpomeňme si, že obory ekonomiky a lidského chování jsou založené na *pozorováních*. Nepředpovídají budoucnost, ani nejsou pravidly, která musíme dodržovat.

Mnoho těchto vypozorovaných teorií bylo sestaveno před stovkami let. Od těch dob mechanizace, elektřina, automatizace a komunikace navždy změnily hru na této planetě. To nám dalo možnost naprosto proměnit naše prostředí a tím naše chování *a* ekonomiku.

Náš svět se neustále mění. A i když můžeme vytvářet přesvědčivé teorie, nepodléháme jim.

Vaším nejcennějším zdrojem poznání je vaše vlastní životní zkušenost a lidi kolem vás. Média a převládající myšlení podávají zkreslený pohled na svět. Jednání „zlých" lidí považujeme za přehnaně důležité, ale přitom jde o *velkou výjimku z normálního chování*. Počet opravdu špatných lidí na světě je ve skutečnosti statisticky zanedbatelný. Tohle je *kriticky* důležité si zapamatovat.

Skoro každý člověk, na kterého si vzpomenu – se kterým jsem se osobně setkal – je vcelku slušný. I když někteří nejsou vždy slušní ke mně, vím, že se chovají slušně k lidem, na kterých jim *opravu* záleží, a vědí, co znamená dělat „správnou věc".

A to je i dojem každého, koho se na to zeptám. Drtivá většina lidí je dobrá. Přál bych si, abyste tenhle náhled měli, až budete hodnotit zde předkládané koncepty. Založte svoje závěry *jen* na chování lidí, které *osobně znáte*, ne ze zachycených dojmů.

A konečně, na přebalu této knihy jsem uvedl dost troufalé tvrzení: *„Jak se všechno, co víte o světě, brzo změní"*, a možná jste zvědaví, jak můžu takový názor obhájit. No, myslím, že můžu, protože tohle tvrzení je vlastně dvojsečný meč.

Svět, který znáte, se *určitě* změní, ať už to bude v obecné shodě s principy z této knihy, tj. směrem ke spravedlivější, udržitelné budoucnosti pro všechny, nebo slepým pokračováním směrem k sociálnímu rozkladu, násilí a kolapsu životního prostředí. *Musí* to jít jednou, nebo druhou cestou.

Dávám přednost té první možnosti – a dobrá zpráva je, že to je něco, co můžeme všichni zařídit s minimálním úsilím. Tak pojďme na to.

DO OTEVŘENÉ EKONOMIKY

Problém(y)

Tato kniha má poskytovat řešení, takže se tu nebudu obšírně zabývat problémy světa. Většina z nich je zřejmá, ale jestli o některých zatím nevíte, tady je jejich krátký přehled:

➢ Neustálé trvání na ekonomickém růstu, který vyžaduje stále víc zdrojů, spolu s populační expanzí na planetě s konečnými zdroji.

➢ Nelítostné a trvalé ničení přírody pro zachování průmyslu a zemědělství, na úkor biodiverzity.

➢ Obrovská mzdová a sociální nerovnost.

➢ Nezaměstnanost a rozklad pracovního trhu kvůli automatizaci a systémům umělé inteligence.

➢ Nezodpovědné chování, neefektivita a znečišťování způsobené upřednostněním zisku – co je dobré pro ostatní a pro životní prostředí, to je ponecháno svému osudu nebo musí být regulováno.

➢ Plýtvání přírodními zdroji a snížená výkonnost kvůli krátkozrakým výrobním metodám – opakovaný prodej něčeho nekvalitního je ziskovější než jednorázový prodej něčeho, co vydrží dlouho.

➤ Odloučení od lidí a společnosti – obchod a soutěž podporují osobní izolovanost.

Měl bych dodat, že uvedené problémy nejsou nijak zvlášť seřazené. Každý z nich je sám o sobě důvodem k vážným obavám.

Po krátké analýze zjistíme, že společným jmenovatelem všech je náš tržní systém, nebo přesněji: naše primární metody rozdělování zdrojů a vedení společnosti, jmenovitě *obchod a vládnutí*.

Většina lidí obecně předpokládá, že obchod je neoddiskutovatelná realita života, a tak vyvstává otázka: Můžeme vylepšit naše systémy obchodu a vládnutí, aby lépe sloužily všem?

Přestože určitě *je* možné je vylepšit – a mnoho pokrokových vlád to dělá – tyto systémy jsou ze své podstaty omezené a neefektivní. *Zkrátka si nemůžeme dovolit současným způsobem ztrácet další čas a dusit planetu.*

Ukážu vám, co tím myslím.

Limity vládnutí

Nejdřív je dobré si uvědomit, že tradiční vláda není ve skutečnosti nic víc než přímý důsledek obchodu, jehož hlavním úkolem je dohled nad ekonomikou a její regulace.

Představte si na chvilku, že bychom vůbec nepotřebovali obchodní ekonomiku. Žádné trhy, žádné peníze, žádná zaměstnání, výplaty, účtenky nebo daně. Brzy by přestalo být zřejmé, jakou moc nebo úlohu by v takovém systému jakákoliv vláda měla.

Protože je vláda *součástí* ekonomiky, má omezené možnosti. Všichni jsme toho slyšeli hodně o škrtech ve státních službách, národním dluhu, korupci, korporátním lobování a právně zaručených zájmech na nežádoucích opatřeních. Vláda (a její jednotliví členové) podléhá ekonomice, a proto má jen omezené možnosti, jak ji ovládat.

Může tisknout peníze, přidělovat státní prostředky a nastavovat úrokové míry. Ale jak vám řekne kterýkoliv ekonom, tisk peněz neřeší nic. Ceny jen adekvátně v průběhu času stoupají. Státní výdaje a úrokové míry neovládají ekonomiku – jsou to pouhé *reakce* na ni. Když je ekonomika dobrá, vláda utrácí, když je ekonomika špatná, vláda šetří.

Takže místo formování ekonomiky vláda jen „uklízí" a má přitom k dispozici všechny zdroje a peníze.

A co se týká národů a staletí starých hranic, pomocí kterých se vymezujeme, k žádnému většímu užitku popravdě nejsou, snad jen že dávají vládám důvod k existenci. Ano, potřebujeme místní správu, ale toto prastaré pojetí oddělených „národů" jen omezuje volný pohyb lidí a zdrojů a ve 21. století je poněkud pošetilé – a nebezpečně rozvratné.

Mávání vlajkou sice může přinášet pocit národní hrdosti, ale taky vyvolává napětí u nečlenů. Jakému možnému účelu toto rozvracení slouží?

Když se nad tím zamyslíte, všichni jsme se narodili do národů, na jejichž vytvoření jsme se nikterak nepodíleli, takže na co jsme vlastně hrdí? Je spousta lepších důvodů k hrdosti: vaše vlastní úspěchy, vaše děti, váš tým atd.

Možná jste si všimli, že vláda je zdaleka nejhlasitější orgán v propagaci vlastenectví. Myslím, že dokud budou lidi cítit, že jsou součástí „státu", budou taky ochotněji považovat vládu za oprávněnou. Ale vzpomeňte si na lidi, které znáte. Kolik z nich opravdu stojí o hranice? Pro většinu běžných lidí nejsou hranice nic víc než nepříjemnost při cestování.

A co zákonodárství? Není to důležitá funkce vlády?

Dobrá, nejdřív si položte otázku: Proč zákony v prvé

řadě máme? Protože někdo dělá špatné věci. Tak, a *proč* někdo dělá špatné věci? *To* je ta otázka, kterou si inteligentní druh musí pokládat. A ne se soustředit na nekonečnou odplatu, právo a psaní zákonů. Měli bychom se ptát na důvody protispolečenského chování a reagovat na ty problémy přímo.

Pokud někdo potřebuje zákon, který říká, co se smí a co ne, není to ve skutečnosti známka nedostatečně vzdělané společnosti a systému, který nenaplňuje potřeby svých lidí? Neměli bychom usilovat o společnost, kde lidi *nechtějí a nepotřebují* ubližovat ostatním?

Zákony jsou necitlivým nástrojem, který používáme k zakrytí našeho selhání při vytváření náležitě vzdělané, pečující společnosti. Dejte lidem, co chtějí, a nebudou vám nic krást. Upevněte přirozenou lidskou schopnost vcítění se a budou rozumět, proč vám nemají ubližovat. To samozřejmě nezastaví veškerou kriminalitu, ale třeba 99 % ano.

Více podrobností o právu a vzdělání bude následovat v pozdějších kapitolách.

Limity obchodu

Obchod je přirozeným následkem nedostatku. Když je obtížné získat něco, co potřebujeme, ať už věc nebo dovednost, obvykle se objeví obchod. Celkem vzato to je dobrý systém: Já získám, co chci, vy získáte, co potřebujete, a všichni jdou domů spokojení. Co je na tom špatného?

Podívejte se kolem sebe a rychle zjistíte, že tato „učebnicová" verze obchodu moc dobře mimo učebnici nefunguje. Cenné zdroje jsou monopolizované; vidina zisku ničí životní prostředí; peněžní bohatství je značně koncentrované; možnost prodat lidskou práci a dovednosti za férovou cenu se rychle oslabuje technickým pokrokem. A tím se obchod stále víc komplikuje.

Pravdou je, že jakýkoliv systém volného obchodu a soukromého vlastnictví *vždy* povede ke koncentraci bohatství a moci. Proč? Důvody jsou tragicky jednoduché: 1) někteří lidé jsou zkrátka lepší v obchodování, 2) je mnohem snazší *rozmnožit existující* bohatství než vytvořit nové, např. můžete efektivněji propagovat svoje služby a dovednosti, najmout zkušené spolupracovníky a vypořádat se s více chybami.

Koncentrace bohatství je *nevyhnutelným následkem* tržního a vlastnického systému. Vytváří jednosměrný proud, postupně směřující bohatství vzhůru.

Je důležité poznamenat, že jakýkoliv systém, který pracuje s nedostatkem, bude vždy podněcovat chamtivé, sobecké chování. Je naprosto přirozené chtít hromadit věci, které jsou nedostatkové. Ať už někdo doufá v druhý krajíc chleba, nebo druhý závodní člun, myšlenkový proces je stejný: „Když je těžké to získat, tak chci víc." Přidejte čas k tomuto myšlení založenému na nedostatku a ejhle, dostanete se tam, kde jsme teď – polovina světového kombinovaného bohatství je v rukách méně než stovky lidí.[1]

I kdyby to takhle nebylo, existuje druhý důvod, proč je obchod omezující. Technologie.

Naše technologie dosáhla stavu, ve kterém je neuvěřitelně snadné vyrábět potřebné věci v porovnání s dobou řekněme před 100 lety. To je skvělá zpráva, ale znamená to také naprostý rozklad našeho pracovního trhu. Když se objeví technologie schopná nahradit lidskou práci, náhrada bude provedená hned a taková pracovní pozice už nikdy otevřená nebude.

Čím víc lidí nahrazuje technologie, tím víc roste nezaměstnanost, snižuje se kupní síla a systém je stále víc dysfunkční.

---

1   Podle zprávy Oxfam Davos „*The Economy of the 1%*" z roku 2016 je polovina světového bohatství v rukách 62 jedinců.

Stručně: Bez pracovních míst *není ekonomika* a pracovní místa dnes *jsou soustavně* nahrazovaná technologií.

Takže náš skvělý učebnicový obchodní systém je v koncích. Jediný důvod, proč vůbec ještě běží, jsou úvěry. Tím, jak je pořád víc bohatství směrováno vzhůru (bez šance na návrat), vlády a banky neustále uvolňují úvěrové limity, aby systém plynul. To je svět, ve kterém dnes žijeme: ekonomiky držené nad vodou čistě pomocí úvěrů. Řečeno bez obalu: *zhola nic.*

Vlastně ne tak docela: Vyjádřeno v ekonomických pojmech se jedná o *dluhy do budoucnosti našich dětí,* na kterých naskakuje úrok minutu po minutě. Pokud nezměníme pravidla, jakou pokřivenou budoucnost po sobě zanecháme?

Tento příval úvěrů, který teď komerční banky vytvářejí[2], je hlavním zdrojem všech nových peněz v ekonomice – což přináší paradox: jak zaplatíte úrok z úvěru, když peníze na splacení toho úroku *ani neexistují*?

Jediná možná cesta je přes další dluh, čímž vzniká cyklus dluhu, inflace a rostoucího zdanění. To je evidentně nerealistický a neudržitelný proces.

2　Komerční banky skutečně vytváří velkou většinu peněz z půjček. Vyhledejte si na Internetu „tvorba peněz".

Odloučení

Jeden z nejškodlivějších vedlejších produktů tržního systému je, že podněcuje odloučení mezi námi.

Korporace neúprosně prosazují zahanbení, strach, vinu a soutěživost, aby nás donutily kupovat jejich produkty. Jejich agendy zaměřené na zisk jsou masově očkovány do společnosti pomocí vlivných médií a tím nás odpojují od opravdových fyzických, sociálních a emočních nákladů těch produktů.

Vidíme reklamu na levné zboží, ale málokdy se zamyslíme nebo dozvíme, co všechno bylo pro dosažení takových cen ořezáno. Většina „slev" je možná zneužíváním lidí nebo nezodpovědnou těžbou.

Toto pravidlo „v první řadě zisk" vytvořilo příšeru – ucelenou konzumní kulturu, která nás hypnotizuje, abychom dychtili po třpytivých cetkách a hejblátkách – na úkor naší sebeúcty, vztahů a přírodních zdrojů.

Dokonce samotné použití peněz odstraňuje potřebu jakéhokoliv vztahu mezi prodávajícím a kupujícím. Můžete vejít do obchodu a zaplatit za jablko, bez jediného slova k blízké lidské bytosti, která vám ho prodává. Jaká úžasná příležitost mohla být promarněná?

Tržní síly běžně válcují ochranu přírody, kdykoliv je

levnější něco neopravovat, vyhodit a nahradit novým.

Snad nejnebezpečnější ze všeho je, jak nás systém odlučuje od vlastního zdravého rozumu a morálky.

Vše od zanechání spadlého odpadku na zemi (protože to „není naše práce") po plnění vládních příkazů na zabíjení jiných lidí signalizuje odloučení od světa kolem nás a od nás samotných. Jsme *odpojení od osobní zodpovědnosti*.

Připustili jste si někdy myšlenku, že běžný voják plnící rozkazy je vlastně vrah? Zcela potlačil svůj vnitřní smysl pro morálku a způsobil smrt a zkázu. Není šílené, že skoro celá společnost to považuje za normální? A v některých případech dokonce za úctyhodné?

Jak moc je člověk odloučený, když lehkovážně zabíjí jiné lidi a nemá pocit, že by dělal něco špatného? V jakékoliv jiné situaci bychom takové chování považovali za psychopatické.

Naše vědomí vzájemného odloučení jeden od druhého a důsledků našich činů, znásobené 7 miliardami lidí, je důvodem k chaotickému nesouladu a nedůvěře, které v dnešním světě cítíme.

Stali jsme se zmatenými, nejistými a – navzdory všem skvělým komunikačním technologiím – stále více izolovanými.

Dvě možná řešení

Pokud jde o dluhovou krizi, očividné řešení nejlepších ekonomických mozků světa je nechat to vyhnít – protože, upřímně, jiný nápad nemají. Kolosální světový dluh ve výši mnoha biliónů dolarů křičí jako nějaká obrovská chyba ve výpočtu. Ale není to chyba v účetnictví – je to chyba v tom, jak řídíme společnost.

Náš obchodní a vládní model nemůže tento problém vyřešit, protože lidstvo jednoduše ten model přerostlo. Takže jaká je odpověď?

Jedna věc je jistá. My *přijdeme* s radikální změnou naší společnosti, nebo radikální změna *přijde* k nám jako následek našich činů, které nás neustále posouvají na pokraj kolapsu společnosti, ekonomiky a životního prostředí.

Dnes máme luxus volby, šanci být objektivní a dobře vybírat pro budoucnost. Správnou akcí teď můžeme vytvořit typ světa, o kterém všichni naši předkové určitě tu a tam snili – svět s úplným osvobozením od útlaku a těžké práce a s uspokojením našich tužeb.

Ale nemáme moc času a máme ještě další problém. Lidé, kteří jsou obecně zodpovědní za provádění společenských změn, obrazně řečeno spí za volantem, možná dokonce „pod vlivem".

Tito lidé, naši politici – kteří dozajista vstupovali do politiky s těmi nejlepšími úmysly – zkrátka nemají dostatečnou představu ani sílu, aby se zásadními změnami přicházeli. Skoro každý politik na planetě už je bohatý. To je ten způsob, jak se dostali k moci. Takže současný systém peněžního trhu je jejich *životní silou*. Byli by blázni, kdyby volali po změně toho systému.

A proto stojíme tváří v tvář skutečnosti, že my, lidi, musíme přijít se změnou sami.

Pokud se budeme zásadními změnami nutnými k vyřešení našich problémů vážně zabývat, pak jsou vlastně jen 2 možné přístupy.

První řešení

Provedeme určité frankensteinské ekonomické vynulování: smažeme globální dluh, vyhodíme všechny proradné generální ředitele, bankéře a ministry, rozpustíme jejich korporace a instituce, přerozdělíme globální vlastnictví a bohatství, zkrátíme pracovní týden a přímo z lidu vybereme novou vládu.

Takovému řešení dávají přednost nejradikálnější současní zastánci změn. Pochopitelně ti, kdo ovládají bohatství, s tím téměř jistě nebudou souhlasit. A i kdyby ano, nebo kdybychom je nějak donutili, dostali bychom se ke stejnému výsledku jako dřív – kvůli stále stejnému trychtýřovému efektu koncentrace bohatství, pokračující honbě za ziskem na úkor životního prostředí a kvůli zmenšujícímu se trhu práce.

Jinými slovy, měli bychom zbrusu novou bohatou elitu a stejné základní problémy, protože tam se *vždycky logicky dostaneme s takovým systémem.*

Podobnost tržního kapitalismu a deskové hry Monopoly je nezpochybnitelná. Jakákoliv soutěž založená na nedostatku vždycky bude směřovat k jednomu vítězi. Vynulovat ekonomiku by bylo stejné jako začít novou hru Monopoly. Dokud se budeme řídit stejnými pravidly, dosáhneme stejného výsledku: koncentrované bohatství a hromada poražených.

Druhé řešení

Zastavíme se, uděláme krok zpátky a podíváme se na svět jako celek. Co je vlastně důležité pro naše životy a naši dlouhodobou existenci na této planetě? Čeho jsme opravdu technicky schopní? Které limity jsou skutečné a které domnělé? Jak můžeme využít nejpotřebnější a nejhojnější zdroje – sami? Je možné spravovat lepší, svobodnou společnost zcela bez obchodu a vládnutí?

Odpověď zní: *Ano, samozřejmě to možné je.* A jak si ukážeme později, v mnoha směrech to už děláme.

Metody a myšlenky Otevřené ekonomiky bez obchodu a vládnutí už všem jsou dobře známé. Jen je potřebujeme uplatňovat novými směry.

Ale v Otevřené ekonomice nejde jen o přizpůsobení se

novým parametrům za účelem přežití. Jde o to chopit se historické příležitosti, překročit naše primitivní, feudální metody a vytvořit úžasný živoucí ráj pro všechny.

Přestávka na zamyšlení

Než půjdeme dál, rád bych zarazil lidi, kteří vám budou říkat, že „*xxx* není možné", nebo že „lidi jsou příliš *xyz*, než aby se to stalo".

To je naprostý nesmysl. Můžeme udělat *přesně* to, co chceme. Nejsme smolaři připoutaní k nějakému pevnému osudu. Jsme vysoce přizpůsobivé bytosti – jak dokazuje náš mimořádný evoluční úspěch. Ale skoro všechno, co v současnosti očekáváme od života, je založené na *naučené, dravé kultuře*.

Přišli jsme na svět jako nepopsané listy, takže se můžeme naprogramovat nespočetnými způsoby.

Na chvíli se zamyslete nad rozmanitostí lidského chování, které bylo vybroušeno kulturami na různých místech světa. Vybavte si zdrženlivého patagonského pastevce; oddaného nepálského šerpu; pohotovou ženu ze zulského kmene; slavného amerického pornoherce; brutální nacistické generály nebo islámské fundamentalisty; playboye-miliardáře; žebráka na ulici; tichého mnicha žijícího v celibátu; samoživitelku čtyř dětí; zázračného náctiletého podnikatele; zoufalého opilce.

Když se oprostíte od hodnocení některých jako dobré a některých jako špatné, můžete si uvědomit, že tihle všichni jsou *nejrůznějšími projevy stejného tvora* – a to je opravdu dobrá zpráva! Ukazuje nám to, jak jsme přizpůsobiví – v závislosti na našem přímém prostředí a hodnotovém systému.

Podívejte se, jak lehce se západní společnost formuje populární kulturou, posledními filmy, hudebními hvězdami, módními trendy, nejnovějšími udělátky, které každý chce, nejžhavějším startupem ze Silicon Valley. Všimněte si, jak nás naštvou skandály celebrit, i když s našimi životy nemají žádnou spojitost.

Ať se nám to líbí nebo ne, my lidské bytosti jsme velmi poddajná a vnímavá stvoření. Ale to je dobrá zpráva, protože to dokazuje naši přizpůsobivost. Jen se potřebujeme naprogramovat „správnými věcmi".

To jediné, co kdokoliv může s jistotou říct o lidské povaze, je, že jsme všichni předprogramovaní k jednomu: *přežití*. Veškeré ostatní chování pramení z tohoto programu. Touha po úspěchu, dostatku, popularitě, rozmnožování – všechno jsou pouhé nadstavby naší touhy po přežití.

Takže když někdo řekne „lidi jsou sobečtí", vlastně poukazuje na *prostředí*, které učí a odměňuje takové sobecké chování.

Zkrátka když dojde na to, co je v lidské společnosti možné, *můžeme vytvořit jakýkoliv typ společnosti, který chceme*. Pokud taková společnost slouží základní lidské touze po přežití, tak bude vzkvétat.

Co je Otevřená ekonomika?

Pojem „Otevřená ekonomika" jsem odvodil takto:

➤ **OTEVŘENÁ:** Z oblasti softwaru s otevřeným zdrojovým kódem (open source): *sdílená, decentralizovaná, zdarma.* Z obecné slovníkové definice: *neomezená, poctivá, transparentní.*

➤ **EKONOMIKA:** Z původního francouzského slova *„économie"*, které znamená *správa materiálních zdrojů*, a latinizovaného řeckého slova *„oikonomia"*, které znamená *správa domácnosti.*[3]

Definoval bych ji tedy takto:

Otevřená ekonomika je použití otevřeného, distribuovaného modelu na tradičně uzavřený ekonomický systém. Jinými slovy, než aby se jednotlivci snažili o svůj vlastní prospěch, funguje všeobecná shoda, která každému umožňuje, aby prospíval každému, včetně sebe.[4]

---

3 V moderním jazyku se pravý význam slova „ekonomika" ztratil ve spletitých teoriích a podle mého názoru obzvlášť pod nebezpečnou značkou pseudovědy. Ekonomika je prostý koncept: *jak distribuovat zdroje účelně a spravedlivě.* Často říkám, ze k definici „ekonomiky" stačí myslet na děti a jablka – cokoliv složitějšího se za ekonomiku jen *maskuje.*

4 Tady je potřeba malé upřesnění. V tradiční ekonomice se pojem „otevřená ekonomika" používá pro označení mezinárodního obchodu z dané země. Toto *není* definice, kterou tu mám na mysli.

Otevřená ekonomika samozřejmě není *jen* ekonomika. Je to ucelený systémový přístup k řízení optimální, soucitné lidské společnosti, která slouží rovným dílem všem. Toho můžeme dosáhnout jen tak, že odstoupíme od tradičních omezení obchodu a vládnutí a shodneme se na společných cílech.

Každý chce žít v lepším světě – o tom není pochyb. Ale jak se všichni všemožně snažíme o lepší život pro sebe, vytváříme tím takový průmysl a takové odloučení, které věci zhoršují pro každého – včetně nás.

Otevřená ekonomika je o jednotné změně našich priorit ke společnému cíli. Je o porozumění, že myšlení jen na sebe už neslouží našemu dlouhodobému zájmu. Když každý z nás posune svoje priority z „já" na „všichni", budeme na tom líp *všichni*.

Představte si například káď s rybami a 7 rybařících lidí. Každý se snaží chytit co nejvíc ryb, aby se sám najedl. Všichni loví přibližně stejným tempem a nikoho ani nenapadne zastavit a zamyslet se, jak co nejlíp řídit množství ryb nebo udržovat kvalitu vody, protože kdyby to udělali, přišli by o ryby pro sebe. Kvůli absenci řízení nakonec všechny ryby budou ty tam.

Nebo další možný scénář je ten, že jeden nebo víc lidí objeví lepší techniku nebo nástroj na chytání ryb. Díky tomu vcelku brzo získají všechny ryby. Ostatní budou buď o hladu, nebo se nějakým způsobem podřídí těm prvním, třeba tak, že si od nich budou ryby kupovat.

Z příkladu je zřejmé, že týmová spolupráce by znamenala lepší přístup. Když se lidi dohodnou, že budou spolupracovat a rozdělí si mezi sebe určité úkoly (řízení zásob, příprava a vaření ryb, zlepšování technologie), tak si jako skupina zajistí, že zásob bude dostatek a postupy budou nejlepší a nejudržitelnější, ku prospěchu všech.

Jinými slovy, lidi *se přestanou zajímat jen o sebe a začnou se zajímat o skupinu*. To je to, co dělají úspěšné firmy – využívají týmové spolupráce k dosažení společného klíčového cíle: vyšších zisků pro firmu. Tažení za jeden provaz vede k efektivitě.

Je nás teď 7 miliard lidí okolo kádě s rybami s názvem Země. Nemáme *žádný* společný cíl, *žádné* koordinované úsilí o spravedlivé a udržitelné řízení společnosti a biosféry. Obchod, vládnutí a nejednotnost nám brání toho dosáhnout.

V Otevřené ekonomice tato omezení překračujeme a naše individuální činy a priority nahrazujeme porozuměním a sjednocením směrem k tomuto společnému cíli: vytvořit lepší život pro všechny a při tom vytvořit lepší život pro sebe.

Naše priority

Jak tomu rozumím, každý z nás obývá 3 oblasti:

- **moje já** (včetně nejbližší rodiny)
- **moje komunita** (sousedi, kamarádi, kolegové)
- **můj svět** (všechno ostatní)

Řadíme je podle důležitosti v tom pořadí, které je vcelku normální. Špatné na tom ale je to, jaké mezi nimi děláme mezery. Když je napíšeme znova na žebříček řekněme o 10 příčkách, může to vypadat nějak takhle:

1. **moje já**
2.
3.
4.
5. **moje komunita**
6.
7.
8.
9.
10. **můj svět**

Je vám to povědomé? Sami byste je možná rozmístili trochu jinak, ale chápete, jak to myslím. Pokud to pořád není zřejmé, podívejte se na tohle (může to trochu provokovat):

1. **moje já**
2. můj majetek
3. moje náboženství / víra
4. můj stav / pověst
5. **moje komunita**
6. můj oblíbený sportovní tým
7. moje práce / firma
8. moje vlast
9. můj oblíbený televizní pořad
10. **můj svět**

Samozřejmě to neberte doslova, ale pointa je jasná: *dáváme příliš vysokou důležitost tomu, na čem v životě tolik nezáleží, a naopak.* Ať už věříme čemukoliv v oblasti sportů nebo náboženství, doslova *nemůžeme přežít* bez naší komunity a našeho světa, a přesto jim nedáváme patřičnou důležitost.

Stejnou posvátnou důležitost, kterou připisujeme vlasti, rodině a víře, potřebujeme dát i *veškeré žijící komunitě a sdílené planetě, která je naším domovem.*

Není to hippie ideál. Není to nějaká klamavá utopie. Není to komunismus. Je to jen *fyzika*.

Jsme všichni nerozlučně spojení s ostatními a s naší domovskou planetou. Soutěžit v tomto uzavřeném systému je sebezničující.

Když dojde na priority, tak samozřejmě nemůžeme dát na první místo nic jiného než sebe – jinak by to nedávalo smysl. Ale potřebujeme se přiblížit k tomuto:

1. **moje já**
2. **moje komunita**
3. **můj svět**
4. …všechno ostatní
5. …všechno ostatní

Každá z těchto 3 oblastí je nezbytná pro naše životy. Každé si potřebujeme maximálně vážit a rozumět jí a jejich vzájemnému propojení – to je základ našeho bytí.

Posun priorit

Jak tedy změníme svoje priority? Dvěma způsoby.

Ten první je stejný, jakým jsme je pomátli – pomocí kampaní a reklamy v médiích. Máme na to všechny prostředky: televizi, rádio, tištěná média i Internet.

Když jsme se z nich naučili konzumu, nejistotě a závisti opakovanou reklamou na produkty, stejně tak s jejich pomocí můžeme šířit přepracovaný hodnotový systém a ukazovat praktické přínosy spolupráce na jednotném cíli – péči o ostatní a o planetu.

Dobrým příkladem toho, jaký obrovský pokrok jsme udělali v utváření našeho chování, je recyklace – prostřednictvím rozsáhlé iniciativy v médiích. Za méně než 20 let téměř každý v západním světě změnil svoje zvyky nakládání s odpadem a zapojil se do recyklování – právě díky mediálním kampaním.

Není pochyb o tom, že když se nový způsob myšlení stane módním, rozšíří se jako pralesní oheň. Média nám to ukazují zas a znova. Takže pro začátek si připusťme svou dobrosrdečnost a orientaci na společnost a pak je využijme v náš prospěch.

Pokud můžeme být naprogramovaní, abychom uctívali idoly, podřizovali se jiným lidem, kupovali jedovaté věci a byli pomatení bezvýznamnými zprávami, tak taky snadno můžeme být naprogramovaní, abychom pečovali o to důležité a jednali v zájmu většího dobra.

Zkrátka se potřebujeme přeprogramovat „dobrými věcmi".

Druhý způsob změny priorit je pomocí každodenních činností. Protože jsme společenské bytosti, naše zvyky jsou vysoce „nakažlivé". Ti z nás, kteří už mají povědomí o potřebném nastavení priorit, můžou „být tou změnou", naším vzorem nového způsobu myšlení. Mnoho lidí to už dělá a šíří se to rychle.

Recyklace byl jen začátek. Tím to nekončí. Potřebujeme, aby naše zvyky zahrnovaly víc péče, víc zapojení do našich komunit, opětovné spojení s přírodou, svobodné a bezpodmínečné sdílení a vzájemnou pomoc.

Sdílení je možná nejsilnější a nejčistší ukázka pozornosti. Ale pozor. Sdílením nemám na mysli, že se všichni na světě budou držet za ruce a zpívat *kumbaya*. To se nejspíš nikdy nestane. Mám na mysli sdílení, ve kterém se mezilidská a komunitní spolupráce stanou *druhou přirozeností* a *základní lidskou laskavostí*, stejně jako jsou dnes zdvořilost a společenské chování.

Dovedete si představit, jak rychle se svět změní, když se bezpodmínečné sdílení dostatečně rozšíří?

Odbourání našich umělých hranic

Cokoliv, co rozděluje nebo omezuje lidi a zároveň to neexistuje ve fyzickém světě, je umělý společenský výtvor. Takové rozdělování lidí, které brání normálnímu morálnímu chování, vede k neefektivitě, nerovnosti a nepřátelství. Například:

> ➤ hranice – brání lidem ve volném pohybu

> ➤ peníze / obchod – omezují přístup ke zdrojům

> ➤ sociální třídy – majetková nerovnost

> ➤ výhradní vlastnictví – zhoršuje přístup ke zdrojům, které by mohly být sdílené

> ➤ státy / zákony – omezují práva podle státní příslušnosti

> ➤ duševní vlastnictví – snižuje možnost vylepšit práci jiných

> ➤ náboženství / rasa – kulturní nebo kmenové napětí[5]

Když začneme přesouvat priority k tomu důležitému, umělé společenské překážky, které nás rozdělují, vyplavou na povrch a ztratíme o ně zájem.

---

5   Boj mezi rasami nebo náboženstvími lze téměř vždy vystopovat k nějakému druhu třídního boje nebo boje o zdroje a není to tedy až tolik boj kulturní.

Toto rozdělování, jako třeba zákony, existuje jen kvůli nedostatku porozumění a vcítění.

Protože je jen v naší skupinové představivosti, jediný způsob, jak ho odbourat, je „odpředstavit" si ho. Toho můžeme dosáhnout jednoduše tím, že ho přímo *porovnáme* s věcmi, na kterých *záleží*. Když hromadně přesuneme pozornost k tomu opravdovému, přirozeně dáme sbohem tomu umělému. Vždycky dáváme přednost tomu, na co se soustředíme.

Historie je plná případů, kdy se „fakta" rychle změnila na báchorky jako následek nového myšlení. Pamatujete, když kouření tabáku bylo zdravé? Nebo když ženy a černoši byli podřadní? Nebo když Slunce obíhalo kolem Země?

Naše názory a představy se neustále vyvíjí. Jednoho dne se všechny země stanou pouhými zeměpisnými oblastmi. Společenské třídy, chudoba a nerovnost budou zvláštnostmi minulosti. Peníze a nucená práce – nepředstavitelné.

A když zrušíme toto umělé rozdělování, automaticky nás to přivede k většímu propojení a vzájemné porozumění poroste.

Porozumění je klíčem k empatii, soucitu a nakonec i k míru.

Život v Otevřené ekonomice

Většina lidí, kteří zvažují bezpeněžní společnost, si už uvědomuje, že máme technologii potřebnou k vytvoření světa hojnosti, bez obchodního a vládního omezování a nerovnosti, a to díky tomu, kolik lidské práce už může být efektivně automatizováno.

Bez nedostatku čehokoliv a s masivním snižováním potřeby práce se peníze přirozeně stanou přežitkem. To je teorie. Ale to není celý příběh, ani to nepřesvědčí většinu lidí, kteří se s touto teorií setkají.

Podle mého názoru je tato super-pokročilá bezpeněžní společnost ve stylu „Star Trek" ještě poněkud vzdálená – ne proto, že by nám chyběla technologie, ale proto, že nám chybí potřebné porozumění.

Skutečně svobodná společnost by měla být právě taková – neomezená, sebe-určující, samoorganizující pro optimální prospěch všem. Vlastně k tomu ani nepotřebujeme technologii, potřebujeme jen společně upravit naše priority. Takže jak by vypadal běžný den v Otevřené ekonomice? Jak by fungovala společnost? Jak udržíme pořádek a efektivitu v naprosto svobodné společnosti bez donucování?

Společenská přitažlivost

Nejdůležitější věc nejdřív: Společenská přitažlivost – to je základní pouto, které drží společnost pohromadě. Jsme společenský druh. Zkrátka a dobře dáváme přednost tomu, když můžeme dělat věci společně. Proto nás to přitahuje do skupin, týmů, vesnic a měst.

Všechno to má původ v jedné základní lidské potřebě – nutkání někam patřit. Naše města, kultury, náboženství, dokonce velký nepsaný zákon „chovat se k ostatním hezky" – to všechno plyne z této potřeby.

Společenská přitažlivost je silou, která nás přirozeně spojuje – dokonce udržuje pohromadě náš zastaralý, nespravedlivý systém, i se všemi jeho nedostatky. Je to proto, že většina lidí radši zachová rozšířenou konvenci, než aby přijala radikální nové myšlení. Fakt, že Společenská přitažlivost udržuje tento systém v chodu, v jasném světle jeho nespravedlnosti a utrpení, ukazuje, jak mocná síla to je.

Teď si představte, o kolik *mocnější* by tato síla mohla být ve společnosti, která pozitivně podporuje život, zdraví, rozmanitost a štěstí pro všechny. Společenská přitažlivost je *hlavní silou*, která stmelí a rozproudí Otevřenou ekonomiku.

V současnosti většina zastánců Otevřené ekonomiky

bojuje proti Společenské přitažlivosti, když narazí na nechuť lidí vymanit se ze zaběhnutých myšlenek a norem. Ale víme, že se to den po dni mění, protože i sami tihle lidé začínají zpochybňovat logiku a spravedlnost panujícího systému.

A jak mění svůj úhel pohledu, připravují prostředí i pro ostatní, aby taky šli tou cestou. Proto je důležité dát lidem vědět o tomhle novém způsobu myšlení. I když třeba hned nesouhlasí, můžete se pro ně stát orientačním bodem později.

Společenská přitažlivost je tím, co udrží pořádek, rovnováhu a efektivitu v Otevřené ekonomice. Čím víc užitku z ní lidi budou mít, tím mocnější silou se stane.

Sebeurčení

Většina lidí nezná pravý význam anarchie – dokonce jsem kvůli tomu ten výraz skoro přestal používat. Během let ho média a převládající názor zaměnily za nepořádek, zmatek a násilí. Ale toto není anarchie – toto je obvykle jen zhroucení útlaku.

Na obrazovkách často vidíme mladé lidi při výtržnostech a rabování a máme silný dojem, že pro ně zákony neplatí, ale měly by. Toto je velmi závažné neporozumění.

Takové scény jsou ve skutečnosti *odporem proti útlaku*. To, co se stalo *předtím*, je příčinou těch scén. Toto je *vztek*, ne anarchie. To je velmi důležité si zapamatovat.[6]

Anarchii můžeme nejlépe popsat s pomocí zvířecí říše. Celkem vzato, zvířata jsou mírumilovná stvoření a ochotně žijí společně v rovnovážném[7] prostředí. Zvíře se chová násilně jedině tehdy, když musí zabíjet kvůli obživě nebo obraně.

Toto je sebeurčení – *základní chování všech tvorů*. Když není ohrožené přežití, poklidné soužití je základním

---

6   Snadno můžeme odpustit tomu, kdo si myslí, že toto „neporozumění" je záměrně přiživované médii. ;)

7   Rovnovážné prostředí je takové, ve kterém nedostatek a teritoria nejsou problémem. V Otevřené ekonomice by opětovné získání společenské důvěry a dosažení hojností vedlo k takovému rovnovážnému prostředí.

stavem všech zvířat i člověka. Je to zkrátka snazší než násilí.

Historické knihy a média jsou plná agresivního chování, ohavného násilí a mučení – bližní proti bližnímu. To vytváří trvalý dojem, že homo sapiens je krvežíznivý a hlava nehlava pobíjí všechno, co mu stojí v cestě. Ale to je *falešný* dojem a další nebezpečné neporozumění světu a nám samým.

Důvod toho je prostý. Války, konflikty a násilí vytváří zajímavější příběhy, takže se o nich vždy píše a mluví v knihách a médiích. Zatímco klid a mír jsou vlastně nudné a nepíše se o nich – a přitom se nejspíš týkají 999,99 % veškerého lidského chování.

Na každého šílence, který vezme zbraň a začne střílet do lidí, připadají milióny a milióny jiných lidí, kteří to *neudělají*, ale o nich nikdy neslyšíme. Skutečnost je ta, že lidské konání je, ze statistického pohledu, téměř výhradně mírumilovné.

Svobodná společnost nepotřebuje ani nevyžaduje zákony. Zákony byly zavedené hlavně pro ochranu soukromých zájmů a pro vynucení placení daní. Ve světě hojnosti, většího propojení a porozumění nám samým by tyto zákony byly zbytečné.

Jsme společenský druh. *Chceme* spolu vycházet. Každý den zažíváme pocit lidskosti, když nám pomáhají kolegové nebo spolužáci, přátelé, rodina nebo i cizí lidé – a dokonce i v dobách krize. Když jsou vnější tlaky pryč, lidé se k sobě chovají hezky.

Pokud máme základní potřeby uspokojené, není důvod k soutěžení – nebo aspoň ne k zabíjení a umírání.

Samozřejmě nemůžeme čekat, že sebeurčení povede k ukončení veškerého nesmyslného násilí a protispolečenského chování, ale když nás přestane sužovat nedostatek, určitě budeme moct očekávat snížení takového chování na minimum. (Podívejte se na kapitolu *Strategie proti násilí*, str. 57.)

Stojí za zmínku, že nesmyslné násilí a protispolečenské chování *už jsou běžnou každodenní praxí* v současném právním systému – a většina toho má přímou souvislost s nedostatkem a nerovností. Je skutečně absurdní si myslet, že takové chování by bylo častější ve společnosti plné hojnosti a soucitu.

Přirozené hranice

Míváte někdy hosty ubytované ve vašem domě v jedné z místností? Je to váš dům a můžete si jít, kam se vám zachce, ale když máte hosta (a dokonce když v té místnosti nejsou), cítíte, že ta místnost je „jejich"? Takže nemůžete prostě jít a vzít si něco z té místnosti, aniž byste se hostů zeptali?

Tento pocit, že nemůžeme být tam, kde to jiní nečekají, je náš vrozený cit pro osobní hranice. Cítíte, že byste zasahovali do prostoru někoho jiného.

Je to přirozený cit pro uznávání soukromí a hranic ostatních. Odtud vychází moderní pojetí vlastnictví – ne naopak. Vlastnictví je pokus o formalizaci a vyčíslení tohoto vnitřního citu. Samozřejmě víme, kolik tento princip výhradního vlastnictví způsobil problémů s monopolizací přírodních zdrojů, soustředěním bohatství a přehlížením těch, kdo nemůžou zaplatit určenou cenu.

Ztráta schopnosti soustřeďovat bohatství nebo ovládat přírodní zdroje v Otevřené ekonomice nebude mít žádný vliv na přirozená vlastnická práva. Domov, který máte teď, bude v Otevřené ekonomice stále váš právě díky přirozenému citu pro osobní hranice a uznávání soukromí.

Otevřené vzdělávání

Aby Otevřená ekonomika vůbec měla nějakou šanci na úspěch nebo přežití, je nutné radikálně přepracovat vzdělávací systém. Současný vzdělávací systém se zaměřuje na čtení, psaní a počítání, ale to zdaleka nejsou ty nejdůležitější znalosti, které si potřebujeme osvojit.

Děti od nejútlejšího věku *musí* mít přístup k nejdůležitějším informacím, které jim můžou pomoct žít bohatý a naplněný život, se všemi dovednostmi pro osobní rozvoj a budování mezilidských vztahů. Tyto informace je možné snadno přizpůsobit pro děti všech věkových kategorií.

Myslím, že nejlepším přístupem ke vzdělávání je začít se 3 oblastmi, které jsem uvedl dříve: *Moje já*, *Moje komunita* a *Můj svět*. V každé z těchto oblastí můžeme vyučovat 3 úrovně znalostí: *Povědomí*, *Uznání* a *Chápání*.

Povědomí o Mém já, Mojí komunitě a Mém světě je základní, pak pokračuje k Uznání a nakonec k Chápání, přičemž děti se je učí každodenní praxí. Následuje několik příkladů kapitol, které lze dále rozpracovat z jednotlivých úrovní znalostí:

Povědomí

➤ **Moje já:** *uvědomění sebe, základní tělesné funkce, život, dýchání, smysly, meditace.*

➤ **Moje komunita:** *zařazení v komunitě, potvrzení rovnosti, důvěra, soucit, vcítění.*

➤ **Můj svět:** *místo ve světě, koloběh života, ostatní druhy, přírodní rovnováha, potravní řetězec.*

Uznání

➤ **Moje já:** *sebeláska, seberespekt, zodpovědnost za sebe.*

➤ **Moje komunita:** *smysl příbuznosti a vcítění.*

➤ **Můj svět:** *zranitelnost životních systémů, přírodní zdroje.*

Chápání

➤ **Moje já:** *základní anatomie, hygiena, výživa, hydratace, nakládání s negativními pocity, řešení problémů, příprava jídla, tvořivost, realizace plného potenciálu.*

➤ **Moje komunita:** *smysl sdílení, služba komunitě, vedení, týmová práce, mezilidské vztahy, efektivní komunikace, sex, rodičovství a rodina, zodpovědnost, řešení sporů.*

➤ **Můj svět:** *hospodaření s vodou a potravou,*

zemědělství, výroba energie, efektivnost, ekonomie, technologie, zlepšování přírodních podmínek.

Dále, současný vzdělávací systém je založený na souhlasu a opakování faktů, což rozhodně nevede k tvořivosti a jedinečnosti studentů. Je to způsobené hlavně principem jednoho učitele a jednotného testování. Učitel je v takovém prostředí obvykle pod tlakem, aby dosáhl určitých cílů, takže jen diktuje fakta.

V systému Otevřeného vzdělávání můžeme využívat skupinové vzdělávací metody – studenti v různě smíšených skupinách společně zkoumají a objevují nové věci. Tak se učení stává vícesměrovým společenským zážitkem, kde učitel „jen" pomáhá studentům dostat se k informacím, které chtějí.

Navíc při skupinovém vzdělávání – a bez jednotného testování – není důvod rozdělovat studenty striktně podle věku. Studenti v každém věku se mají co učit, ať už vlastním objevováním, výukou od učitele nebo dokonce výukou dalších studentů.

Třídy s různým věkovým složením by také odbouraly nerealistické soutěžení mezi dětmi podobného věku a úrovně. Tím by se ve vzdělávání odrážela mnohem přesnější analogie ke skutečnému světu.

Jednotné akademické testy by byly nahrazeny periodickými testy nadání, což by studentům pomohlo v orientaci při rozvíjení právě jejich vloh.

Hlavním smyslem učení by mělo být utváření dospělých, kteří mohou dosahovat nejvyšší úrovně svého jedinečného talentu, s nadšeným pochopením a respektem světa, komunity a *vlastní osobnosti.*

Bez sobecké společnosti může vzdělávání být více zábavné, poutavé, uvolněné a samořídící, což umožní každému dítěti prošlapat si svou vlastní cestu beze strachu ze selhání.

Samozřejmě jazyk, počítání a obecná fakta se v Otevřeném vzdělávání stále budou vyučovat, ale důležité, praktické lekce života, respektu a sociálních dovedností *musí mít přednost,* aby vzdělávací systém utvářel lepší, šťastnější lidi.

Poznámka: Neexistuje důvod, proč by se části systému Otevřeného vzdělávání nemohly zavést už dnes.

Služba komunitě

Zatímco mnoho potřebných zaměstnání v komunitě bude přirozeně zaplněno těmi, kteří danou práci dělají rádi a tím pádem věnují svůj čas nepodmíněně (např. učitelé, lékaři, řemeslníci), stále bude nedostatek dobrovolníků na méně atraktivní činnosti v moderní společnosti (např. uklízení ulic, čištění odpadů, malování veřejných budov).

Služba komunitě je koncept, který většina z nás už dobře zná – přestože si ji obvykle spojujeme s trestem za méně závažnou kriminalitu. Ale faktem je, že organizovaná služba komunitě je bezpochyby nejlepším způsobem, jak spravedlivě zajistit základní služby ve velké populaci.

To, že společnost není založená na donucování, ještě neznamená, že nemůže být vysoce organizovaná. S přijetím Otevřené ekonomiky by se od každého člena komunity očekávalo, že rozumným minimem hodin za měsíc přispěje komunitě a vyššímu dobru. Toto by bylo klíčovým prvkem Vzdělání pro život.

Navíc mějte na paměti, že ve společnosti bez obvyklého zaměstnání by zmíněné hodiny práce pro společnost byly pro většinu lidí nepatrným závazkem.

Měsíční přehled komunitou požadovaných služeb a

úkolů by mohl být veřejný a členové by se přihlašovali na základě svých dovedností a časových možností.

Počet doporučených hodin za měsíc by samozřejmě závisel na místních faktorech, např. objemu úkolů, velikosti populace, dostupnosti znalostí a složitosti úkolů, ale principem je udržovat závazek jednotlivců na minimu díky zapojení co nejširšího okruhu lidí.

Děti by rovněž měly být aktivně podporovány v zapojení do komunitních projektů od co nejnižšího věku a do co nejrozličnějšího spektra úkolů. To by jim pomohlo odhalit jejich vlohy, prospěly by komunitě a získaly cenné životní zkušenosti přímo z praxe.

Neexistuje žádný důvod, proč by práce pro komunitu ve svobodném světě měla obtěžovat nebo nudit. S trochou představivosti bychom některé úkoly mohli například změnit na sportovní události, kde týmy soutěží v plnění těchto úkolů nebo vymýšlení netradičních řešení.

Prvořadý cíl je, aby služba komunitě kromě zajištění základních potřeb byla i naplňujícím a poutavým zážitkem.

Přidělování zdrojů

Otevřená ekonomika k organizaci nepotřebuje peníze ani dozor. Potřebuje jen jednotný cíl a účelnou informační síť k udržení hospodárnosti. Každá komunita by měla vlastní informační centrum – úplný soupis zdrojů, lidí a dovedností v dané oblasti. Tuto databázi by spravovali a moderovali uživatelé a byla by propojená se všemi ostatními komunitami na světě.

Sekce se zdroji by měla tyto vlastnosti: zobrazení na mapě nebo jako seznam, vyhledávání, objednávání. Zdroji mám na mysli všechno od železné rudy po dřevěný jídelní stůl. Jakékoliv fyzické statky, které lidé chtějí sdílet, se v takové databázi můžou objevit.

Když někdo takové zdroje bude shánět, jednoduše zadá vyhledávací dotaz, najde nejbližší shody a zboží poptá. V případě potřeby bude možné poptávkám nastavovat prioritu podle naléhavosti a prospěšnosti pro komunitu.

Když například komunita bude nutně potřebovat beton na opravu studny, bude to mít vyšší prioritu, než kdyby jednotlivec potřeboval beton na stavbu garáže.

Stejně jako soupis zdrojů by i poptávkový systém byl zcela transparentní, takže uživatelé by měli možnost sledovat nejen svoje poptávky, ale i všechny ostatní.

Plně transparentní systém je jediný způsob, jak zabránit nedorozuměním a konfliktům.

Položky, které by se přesouvaly z jedné oblasti do jiné, by byly zaevidované v systému Služba komunitě kvůli nalezení dopravního prostředku a řidiče – pokud možno na již zavedené trase.

Sekce s dovednostmi by zahrnovala lidi a jejich nabídku práce nebo speciálních dovedností. Uživatelé, kteří by něco z toho potřebovali, by mohli vyhledávat, zobrazovat výsledky na mapě nebo jako seznam a přímo kontaktovat vybrané pracovníky.

Každá komunita by stejně jako dnes měla svůj „obchod" nebo sklad, kam by lidi chodili pro věci, které potřebují, jako je jídlo, oblečení atd. Skladovou evidenci by řídili lidi jen označováním toho, co si berou nebo co budou potřebovat v budoucnu. Nabídka a poptávka by díky tomu vždy byly aktuální a optimální.

Kdyby někdo v dané oblasti vyráběl jídlo a zboží, mohl by přebytky do skladu sám dodávat. Co se týká řízení a úklidu skladu, lidé z komunity by se střídali.

Organické vedení

I když sebe-určující společnost nepoužívá vládnutí, neznamená to, že nepotřebujeme vedení a systémy rolí. Vedoucí jsou lidé, kteří vidí dál, předvídají širší možnosti, umí řešit problémy nebo mají více odvahy a nadšení, aby dokázali povzbudit lidi v nejistých dobách. Proto i v Otevřené ekonomice budou lidé vyhledávat vůdčí typy, aby jim pomáhali a inspirovali je.

To neznamená, že potřebujeme vládce. Není pravidlem, že vládci pomáhají a inspirují, jen vládnou, často nemají kvalifikaci a někdy rozkazují.

Takže nějaká struktura vedení je bezpochyby vhodným způsobem, jak zvládnout složité úkoly. (Jako příklad poslouží filmový režisér.) V Organickém vedení by vedoucí byli navrhovaní na určité úkoly samotným týmem, na základě jejich schopností a na dobu trvání daného úkolu.

Skutečnou rolí vedoucího je pouze spravovat žádosti ostatních a rozhodovat, jakou z navrhovaných cest se vydat. Vedení v této podobě bude existovat jen v nezbytném rozsahu a bude se řídit principem, že vybraný vedoucí má poslední slovo v záležitostech, na které byl zvolen.

Systém projektových závazků

V každé komunitě budou vždycky existovat rozsáhlé projekty – třeba postavit nový most, silnici, školu, nemocnici. Současný tržní systém funguje v tomto ohledu vcelku dobře, protože pomocí peněz „drží" potřebný personál na velkých projektech po mnoho měsíců nebo let.

V bezpeněžním světě by střídání dobrovolníků na dlouhodobých složitých projektech mohlo být neefektivní, nebo dokonce úplně nefunkční.

Řešením by bylo vytvořit Systém projektových závazků, v rámci kterého by se ochotní pracovníci veřejně zavázali k účasti na daném projektu až do jeho dokončení.

Lze předpokládat, že na každý rozsáhlý komunitní projekt by se snadno našli místní dobrovolníci, kteří by z projektu měli přímý užitek, ale na velké projekty by byl nutný vyšší závazek.

Každý dobrovolník by se mohl zúčastnit zahajovacího ceremoniálu projektu, kde by přijal svůj závazek. Důležité je, že projektoví vedoucí by žádali plnou odpovědnost a závazek účastníků *na samém počátku*, takže i sami dobrovolníci by měli osobní a emocionální zájem na úspěchu projektu. Většina lidí pracujících v týmu se chová tak, aby to nebyli oni, kdo „to nechal padnout".

Jako u každé služby komunitě by i u rozsáhlých projektů byl kladen důraz na vytváření příjemného společenského zážitku pro účastníky.

S postupným vylepšováním technologie a zvyšováním její dostupnosti by rozsáhlé projekty zřejmě potřebovaly čím dál méně personálu, ale Systém projektových závazků by mohl být schůdným dočasným řešením.

Systém komunitního odměňování

Představa o dávání kvůli odměně je v naší kultuře evidentně silně zakořeněná. Není mi úplně jasné, jestli vůbec někdy můžeme zcela odbourat tento princip odměňování, tolik spjatý s egem – a to ani pokud by to byl dobrý nápad.

Mnozí podporovatelé Otevřené ekonomiky věří, že ego můžeme překročit. Já si nejsem tak jistý, protože na nejnižší úrovni je ego součástí našeho mechanizmu přežití a v nejvyšší formě zase ztělesňuje naši jedinečnost. Myslím si, že v době přechodu od tržního systému na Otevřenou ekonomiku bude nějaký systém symbolických odměn nebo poct užitečný.

Systém komunitního odměňování[8] by byl způsobem, jak zajistit symbolické platby – pomůckou, která umožňuje ocenit a uznat libovolného člověka a tím navýšit jeho veřejnou reputaci.

Ocenění by neměla žádnou směnnou hodnotu a byla by jednoduše projevem uznání. Ve světě založeném čistě na dobrovolnosti bude uznání cennou pobídkou.

---

8   Dobrý příklad už existuje. HonorPay (honorpay.org), v překladu přibližně „platba poctou", má mnoho uživatelů a umožňuje uznávat a oceňovat kohokoliv za cokoliv, mimo rámec fyzických nebo finančních odměn.

Platforma otevřených návrhů

V záležitostech týkajících se velkého počtu lidí by dávalo smysl zavést otevřenou platformu, kde by každý člověk mohl hlasovat, obhajovat svoje hlasy a navrhovat vlastní hlasování.

V on-line komunitním centru by něco takového šlo zavést snadno. Lze předpokládat, že by to byl základní předpoklad otevřené společnosti.

Kterýkoliv člen by mohl navrhnout jakýkoliv námět na zlepšení komunity, ostatní členové by pak námět svým hlasováním schválili nebo zamítli, včetně možnosti komentářů. Byl by to nenahraditelný nástroj pro směrování komunity.

Překvapivě by to mohlo dopadnout tak, že by se tento nástroj moc nepoužíval. Více uvědomělá, překypující společnost by se totiž nespokojila s rozhodováním ano/ne, ze kterého vždy vychází nespokojená menšina!

Nicméně taková technologie může být využitá jinak, mnohem zajímavěji a užitečněji, pokud ji zavedeme už dnes.

V dnešní době se dokonce ani v údajných demokratických zemích většina důležitých rozhodnutí (rozpočty, zákony, obsazování klíčových postů, zahraniční spory) nedělá pomocí veřejného referenda.

Zavedení veřejné hlasovací platformy už dnes by lidem

dalo možnost „volit" v každé věci, která se týká jejich života. A i kdyby se daný hlas „oficiálně" nepočítal, stále by to pro lidi znamenalo, že jejich společný hlas je slyšet. Například by pro vládu bylo mnohem obtížnější pokračovat v započaté politice, kdyby díky otevřené volební platformě bylo zřejmé, že většina populace s takovou politikou nesouhlasí.

Taková platforma by mohla být velmi důležitá pro dosažení změny a také pro budování technologie, kterou bude společnost po změně potřebovat.

Tvůrčí řešení sporů

I když navrhneme a vytvoříme sebelepší svět podle našich potřeb, vždy budou mezi lidmi neshody, ať už ohledně vztahů, osobního přesvědčení nebo nároků na majetek. Je to zkrátka součást lidskosti. Nejsme dokonalí, takže je nejlepší to přijmout jako fakt.

Zdaleka nejzásadnější nástroj v řešení neshod je rychlost. Nevyřešené problémy přinášejí stres, zášť a strach. To jsou významné příčiny násilí a válek, takže čím dřív je nalezeno řešení, tím líp.

V případě, že lidi nejsou schopní najít řešení sami, je rozumné, aby obě strany navrhly nezávislého rozhodce, kterému obě věří a který jim pomůže dosáhnout řešení. (Rozhodcem může být kdokoliv z komunity, kdo je ochotný pomoci.)

Ale co je vlastně „řešení"? V dnešním světě se řešení obvykle dosahuje s pomocí zákonů a soudů. Téměř vždy to končí vítězstvím strany jedné a prohrou strany druhé. Teoreticky na tom není nic špatného, ale k vytvoření dlouhodobě stabilní společnosti by *nikdo* nikdy neměl být poražený.

Když se například strany *A* a *B* dohadují ohledně vlastnictví a rozhodce – jednající v zájmu komunity – rozhodne, že *A* si tu věc zaslouží víc, tak sice *A* a komunita budou spokojení, ale *B* bude poražený. A i když se s tím *B* může smířit, stejně v něm zůstane pocit osobní nespravedlnosti a/nebo nedostatečnosti, což může přerůst do některé z dříve uvedených příčin násilí. To není nutné.

Můj návrh je, abychom každou stranu nejdřív požádali, aby popsala svou potíž a očekávaný výsledek druhé straně, a pak ji vyzvali, aby nabídla sadu řešení, která splňují požadavky obou stran – bez ohledu na proveditelnost. Toto duševní cvičení podnítí vcítění, což povede k přijatelnému, oboustranně výhodnému řešení.

V Otevřené ekonomice bychom se *nikdy* neměli spokojit s řešením, které přehlíží byť jen jednoho člověka. To je omezený náhled. *Vždy* existuje tvůrčí řešení, uspokojivé pro všechny. A nic by se nemělo považovat za vyřešené, dokud takové řešení není nalezeno.

Když se povzneseme nad limity tradiční společnosti, bude k dispozici mnohem víc řešení. Například, proč by si někdo dělal nárok na váš dům, kdyby si mohl snadno zařídit svůj jinde a třeba i lepší?

Tvůrčí řešení sporů je o nacházení těch úžasných řešení, díky kterým budou všechny strany spokojenější než předtím. Neměli bychom se spokojit s ničím menším. Nejvhodnější rozhodci nemusí nutně být ti nejzkušenější, ale ti nejpružnější a nejtvořivější v oblasti řešení sporů.

Strategie proti násilí

Zavedení svobodné a hojné Otevřené ekonomiky je bezpochyby nejlepším způsobem, jak snížit příčiny a výskyt společensky nepřijatelného chování. Ale samozřejmě nejsme dokonalí a nějaké protispolečenské chování a násilí se stále bude vyskytovat – třebaže mnohonásobně méně než předtím.

Mít systém psaných zákonů a opatření pro řešení „kriminality" nebude v samoorganizující společnosti ani možné, ani žádoucí, takže jaké je řešení? Jak zabráníme lidem páchat násilí na ostatních? Jak zastavíme lidi, kteří zneužívají systém? Jak budeme trestat lidi? Je vůbec vhodné trestat lidi?

Odpověď je jednoduchá: použijeme zdravý rozum.

Každá situace je jedinečná a mělo by se s ní podle toho zacházet, s využitím místních informací, s respektem k dotčeným lidem a se zapojením zdravého rozumu. Tvůrčí řešení sporů se dá použít na velké množství případů, ale pokud někdo opakovaně ztrpčuje život ostatním, je potřeba tomu zabránit. Takhle jednoduché to je.

Zdravý rozum například říká, že nedovolíme střelci pokračovat ve vražedném řádění. Pochopitelně to zarazíme. Jak a v jakém rozsahu, to záleží na situaci.

Může si to vyžádat hrubou sílu.

A pokud někoho opravdu musíme „umravnit", je klíčové ho co nejdříve vrátit zpátky do širší komunity, protože to je pro něj nejlepší šance na přehodnocení jeho činů a chování. Lidé, kteří cítí ocenění a uznání od jiných, zřídka zatouží použít násilí.

V dnešním světě je vězení jen místem, kam zamykáme lidi, aby neškodili. Sice už existuje spousta účinných nápravných možností, ale kvůli jejich peněžní či personální nákladnosti se to moc neděje.

V Otevřené ekonomice by žádná taková omezení nebyla. A patrně by bylo i mnohem méně zadržených. Byl by k ruce dostatek poradců, dostatečně zapálených pro svou práci a tedy ochotných věnovat svůj čas.

Zadržení je stále zadržení a evidentně by to v Otevřené ekonomice bylo úplně posledním východiskem, ale kde by to zdravý rozum vyžadoval, tam by na hrubý pytel jistě byla použita tato hrubá záplata.

Komunitní maják

Abychom předcházeli rozpadu společnosti nebo návratu do feudálních způsobů, Otevřená ekonomika potřebuje nějaký ochranný systém včasného varování. Nejspíš by to mohlo být součástí Platformy otevřených návrhů a fungovalo by to jako imunitní systém celé komunity.

Kdyby se někde objevily problémy se zdroji nebo lidmi a kvalita života by se snížila, členové dané komunity by měli mít možnost vydat varování – i anonymně.

Jak bylo výše uvedeno, rychlost je klíčovým faktorem při uplatňování tvořivého přístupu a nalézání účinných řešení.

Řekněme například, že odlehlá vesnice ztratila přístup k některému podstatnému zdroji kvůli místnímu zemědělci. Kdyby se takovému problému nevěnovala pozornost, mohlo by to vést k násilnému střetu, což by mohlo vyústit až do většího společenského konfliktu.

Systém komunitního majáku by upozornil sousední komunitu, která by mohla rychle zasáhnout, nestranně a tvořivě problém vyřešit, nebo kdyby se to nepodařilo, najít náhradní způsob dodávky chybějícího zdroje komunitě. Mohlo by stačit i to, že by sám zemědělec dostal varování, že přestává být oblíbený.

Všechny velké konflikty pramení z malých nevyřešených problémů. Řešením malých problémů včas a efektivně se můžeme zcela vyhnout těm větším. Systém komunitního majáku by mohl být předpokladem k dlouhodobé stabilitě Otevřené ekonomiky.

„Skutečné" příběhy

Jeden z nejúčinnějších způsobů předávání nových myšlenek jako Otevřená ekonomika je pomocí fiktivních příběhů. Ty popisují, jak nová myšlenka lidem v různých situacích může zlepšit život.[9]

Zde je několik příkladů, které vám mohou pomoct představit si život v Otevřené ekonomice:

Pošťák Gabriel

Jako pošťák byl Gabriel zvyklý vstávat brzy. Přijížděl na poštu každý všední den v 6:30 a končil roznášku vždy kolem 15:00. S penězi vyšel a měl moc rád svůj byt v suterénu.

Když přišla Otevřená ekonomika, Gabriel byl stejně jako většina lidí trochu zmatený, ale těšil se, že možná nebude muset vstávat každý den tak brzo a dělat pořád to samé. Krátce po oznámení Gabriela zavolali na poradu zaměstnanců. Jeho šéf Jirka měl překvapivě dobrou náladu.

„Jak jste někteří nejspíš slyšeli," začal Jirka, „Výbor přechodu na OE v posledních měsících rozeslal

---

9   Pokud vás láká delší příběh tohoto typu, zkuste můj román *F-Day: The Second Dawn Of Man*, který je dramatizací událostí vedoucích ke globální Otevřené ekonomice.

pokyny všem velkým firmám ve službách…"

Gabriel o tom nevěděl, ale zaujalo ho to. Jirka pokračoval.

„Pokyny v zásadě říkají tohle: Práce tady na poště je odteď pro všechen personál volitelná. Už nejsme komerční firma, z čehož plyne, že už nebudou žádné výplaty. Takže jakákoliv práce tady je odteď čistě dobrovolná…"

Od některých zaměstnanců byl slyšet potlačovaný smích.

„Ale," pokračoval Jirka, „dobrá zpráva je, že teď bude mnohem méně pošty k doručování. Takových 80 % zásilek dnes tvoří faktury, upomínky a výpisy z účtů. To je teď zjevně minulost, ale pořád budou různé věci, které si lidi mezi sebou chtějí posílat."

„Takže pro každého, kdo má zájem tu zůstat pracovat na dobrovolné bázi: Budeme potřebovat asi 20 % vašich původních úvazků, to znamená kolem 8 hodin týdně. Můžete si to rozdělit na 2 čtyřhodinové dny nebo i jinak podle vlastního uvážení. Nebo můžete pracovat méně díky střídání s jedním nebo více kolegy."

To Gabrielovi dávalo smysl. Třeba by se mohl dohodnout s jedním z kluků, že by střídavě jeden týden dělali 2 osmihodinové dny a další týden by měli celý volný.

„A ještě něco," dodal Jirka se smíchem, „už ani nepotřebujeme to šílené ranní vstávání…"

Všichni se spokojeně usmívali.

„Podnikání, jaké jsme znali, je pryč!" prohlásil Jirka. „Pošta se odteď bude otvírat v 9 hodin…"

Bylo slyšet radostné zamručení.

„Jediná věc, kterou potřebujeme," pokračoval Jirka, „je, abyste dali pevný závazek, že budete pracovat v určité hodiny – a abyste ten závazek dodrželi. Je to důležité kvůli spolehlivosti naší služby."

„Dobře, kdo se chce závazně přihlásit na určité hodiny, můžete prosím jít dopředu, ať to můžu zapsat? Díky."

Gabriel zůstal stát a sledoval, co se bude dít. K jeho překvapení hodně kolegů šlo dopředu a hodně se jich rozhlíželo jako on. Pak i on šel dopředu a přihlásil se na 16 hodin týdně. Jirka mu poděkoval a podal mu formulář.

Když se Gabriel ohlédl, všiml si 3 nebo 4 kolegů, jak opouštějí budovu bez závazku, ale ostatních asi 40 zůstalo, povídali si a přihlásili se na určité hodiny.

Zaslechl jednoho kolegu, jak se ptá Jirky, co by se stalo, kdyby změnil názor.

„Vůbec žádný problém, Jardo," řekl Jirka, „ale včas nám dej vědět, ať můžeme přizpůsobit rozpis služeb, OK?"

Bořek, Jana, Jitka a Tom

Bořek byl nezaměstnaný už skoro 3 roky – od té doby, co místní kovoobráběcí firma zavřela. Jana si naštěstí práci v kině udržela, ale nebyli na tom moc dobře. Třináctiletá Jitka pro studium na střední škole potřebovala knížky a to je dost vysávalo – nemluvě o jejím čerstvém zájmu o kluky a módu! Osmiletý Tom byl skvělé dítě a nikdy si nestěžoval, i když rodinu dost šokovalo, když zjistili, že ho ve škole šikanují.

Určitá forma Otevřené ekonomiky do jejich města už pomalu nastoupila, protože velká nezaměstnanost nutila lidi hledat alternativu tržní ekonomiky. Takže když místní správa oznámila zavedení OE, byla to spíš úleva než šok. Když to teď bylo „oficiální", konečně se mohli zařídit.

Jana nadobro odešla z kina a nabídla škole, že by mohla učit. Přečetla si novou Příručku vzdělání pro život, která v posledním roce kolovala po školách, a nesmírně ji to zaujalo. Konečně se vzdělávání zaměřovalo na výchovu lepších lidí – ne zaměstnanců – a nenechávalo nikoho stranou. Ochotně se tam přihlásila, aby už žádné dítě nemuselo trpět tím, čím trpěl Tom.

Bořek měl slzy v očích, když kovoobráběcí firma znovu otevřela. Všechny stroje tam pořád stály a sedal na ně prach. I likvidátoři si zřejmě mysleli, že by to byla moc velká dřina je dávat pryč. Původní vlastník firmu otevřel pro komunitu a pro podporu výroby nových skleníků, což navrhl Plánovací výbor OE. Bořek se tam hned přihlásil.

Jitka žasla, když se jí mamka jednou zeptala, jestli by se chtěla stát učitelkou ve škole.

„Mami, je mi jen 13," namítla.

„Na tom nezáleží, zlatíčko," řekla Jana. „Už to tak nefunguje. Všichni se učíme a všichni jsme učitelé. Když pomáháš mladším dětem, učíš se taky. Říká se tomu skupinové učení."

„Takže bych učila Toma?" zavtipkovala a poťouchle se na něj usmála.

„Ano!" vykřikl Tom a vyskočil ze židle.

„Ne," upřesnila Jana. „Budete se učit oba vzájemně."

Marie

Od té doby, co její manžel před 20 lety zemřel, Marie nikdy nepřestala udivovat sama sebe. Ta malá vinice, kterou spolu koupili – a kterou Karel málem přivedl k bankrotu – teď byla mnohamiliónovým podnikem, díky jejímu dosud skrytému podnikatelskému umu.

Po mnoha krušných letech a těžkých rozhodnutích bez vnější pomoci proměnila to místo na malý zlatý důl, s více než 30 zaměstnanci.

Když od souseda slyšela o plánech na Otevřenou ekonomiku, byla vzteklá. Po veškeré té tvrdé dřině na budování impéria to všechno mělo být prostě k ničemu? Bude za to bojovat zuby nehty.

Jednoho dne přišla velká obálka od místního Plánovacího týmu OE. Nadávala a vyhodila ji.

Když se stavila její dcera, vytáhla obálku z koše a začala si to číst.

„Mami," řekla, „víš, vážně by sis to měla přečíst. Vypadá to, no, úžasně…"

„To snad ne, holka, tak už i ty," bručela Marie. „V tomhle městě to teď je jako v *Invazi zlodějů těl*."

Když večer Markéta odešla domů, Marie vzala do ruky brožuru, kterou dcera okatě nechala na stolku, otevřenou na té správné stránce. *„Jak Otevřená ekonomika ovlivní vaše podnikání"* zněl věcný název.

Začala číst:

„Proč podnikáte?

Nejspíš ze 2 důvodů: vytvořit něco užitečného a vydělat peníze.

V Otevřené ekonomice nepoužíváme peníze. Je to o vytváření soucitné společnosti, kde nám záleží na komunitě do takové míry, že vše poskytujeme všem bez podmínek. Když se do toho zapojíme všichni, můžeme dosáhnout úžasné hojnosti pro každého – nejen pro hrstku šťastlivců.

Takže jestli jste se pustili do podnikání čistě pro peníze, Otevřená ekonomika vám všechno to úsilí ušetří a můžete žít život v hojnosti bez všeho toho stresu z podnikání.

Ale pokud jste začali podnikat, abyste vytvořili něco užitečného, pak v tom prosím pokračujte! Nejenže stále budete hrát důležitou roli ve vaší komunitě, ale taky teď máte možnost dělat to „něco" nejlíp, jak dovedete…"

Marie byla zmatená. „Jak budu dělat lepší víno bez zaměstnanců a dodavatelů?" mumlala. Pak četla dál:

„Představte si, že by všichni vaši zaměstnanci tuhle práci dělali ne kvůli penězům, které jim vyplácíte, ale kvůli tomu, že ji milují – stejně jako vy.

V Otevřené ekonomice všichni pracují na tom, co milují. A na ostatních činnostech se členové komunity střídají. Když svým zaměstnancům oznámíte, že zavádíme Otevřenou ekonomiku a každý je odteď dobrovolník, budete vědět, že ti, kdo zůstanou, jsou stejně zapálení pro věc jako vy…"

Marie si to zkusila představit – oznámit tu novinu a dívat se, kdo zůstane. Rovnou si vybavila 5 zkušených zaměstnanců, kteří určitě zůstanou, a několik jiných, kteří nejspíš odejdou. Popravdě, ty, o kterých si myslela, že odejdou, by docela ráda odejít viděla! A pokud Otevřená ekonomika opravdu nastane, lidé s největším zájmem o výrobu vína možná sami přijdou a nabídnou pomoc.

Předpokládala, že kdyby odešli všichni sběrači, možná by se ta práce dala rozprostřít mezi členy komunity. Pak si vzpomněla na všechna ta léta, kdy se na ni studenti pokaždé sesypali a hledali brigádu a bezplatný nocleh. Nejenže sbírali víno, ale užívali si život.

Neměla v tom teď úplně jasno. Věděla, že je to možné zvládnout, ale kdyby se to nevyvíjelo dobře, doufala, že by i tak našli schůdnou cestu.

A kdo ví, není práce čistě z lásky k vínu nejlepším způsobem, jak vyrobit to nejbáječnější víno?

Simona a Marek

Bylo to už 5 let od vyhlášení Otevřené ekonomiky v Markově a Simonině městě. I když už to vlastně ani nebylo jejich město, protože se za tu dobu mnohokrát stěhovali. Jako čerství třicátníci se právě vrátili na oslavy 5. výročí.

Za posledních 5 let žili v 17 zemích, vždy si našli dům v celosvětovém informačním centru a zapojili se do místních komunit. Všude, kde pobývali, se měli krásně, pracovali na báječných projektech a našli si výborné přátele. Od velkých solárních farem ve Španělsku, přes automatické výškové pěstírny u Moskvy, výletní lodě na Baltu, ohrazování ledovce v Grónsku, až po sojové a špaldové farmy v Mexiku a dokonce pilotování letadla při bombovém osévání v Brazílii.

Byli z této planety opravdu nadšení. Tak jako mnoho ostatních se i oni dívali na filmy, které ve Druhém roce vydala Skupina otevřené lidskosti, včetně podnětné vzdělávací kampaně *Čistá Země*.

Teď byli konečně doma, aby se podívali, jak se jejich město změnilo. Když vyšli z vlakového nádraží, ta změna byla očividná. Vzduch byl čistý a voňavý. Nebyly tu žádné turnikety, žádná ochranka. Ulice byla tichá kromě štěkání psa opodál.

Stále tu však jezdila auta.

„Teda," řekl Marek, „elektromobily! Tak tiché."

Když se rozhlédli po ulici, viděli psy, mnoho lidí na kolech, při hovoru a při hře na něčem, co vypadalo jako nové hřiště pro dospělé.

„Vidíš to?" zeptala se najednou Simona Marka.

„Co přesně?"

„Nikdo nikam nespěchá…"

„No, máš pravdu," potvrdil Marek a když se znova rozhlédl, tak dodal: „a nikdo na sobě nemá oblek! A určitě už si ani nikdo s nikým nevyká."

„Ha ha!!" zasmála se Simona.

„Pamatuješ," řekl a vzal ji za ruku, „jak jsme se potkali v tamtom parku během tvojí polední pauzy?"

„Jo. A cestou zpátky do práce se mi ulomil podpatek…" chichotala se. „Vzpomínám si, jak se na mě šéf díval, když jsem se objevila v kanceláři bosa… ha ha…tak přísně a vážně…"

„Šéf!" vyhrkl Marek. „Jak směšně to zní!"

Jejich smích náhle přerušil velký černý stín, který je zakryl. Podívali se nahoru.

Nad nimi byla velká stříbrná vzducholoď ve tvaru medvídka a lidi na ně dolů mávali z oken. Marek se podíval na Simonu.

„Vypadá to, že oslavy brzy začnou," řekl. „Půjdeme!"

Do Otevřené ekonomiky

Takže, jak se tam dostaneme?

Pro většinu lidí je myšlenka bezpeněžní „utopie" určitě žádoucí – ale možná někdy za 100 let. To má jediný důvod: Že ta myšlenka je tolik vzdálená obvyklému smýšlení. Peníze v současnosti rozhodně jsou nedílnou součástí našeho života, takže to je pochopitelná reakce.

Ale jsou 2 důvody, proč to tak být nemusí: 1) Mnoho projevů Otevřené ekonomiky existuje už dnes. 2) Obvykle podceňujeme rychlost společenských změn v případě, že se nějaká myšlenka už uchytila.

Už se to děje

Internet a hnutí za otevřený software nepochybně ukázaly, že skvělé věci se můžou dít i na dobrovolné bázi. Skvělými příklady jsou Linux – jeden z nejoblíbenějších operačních systémů na světě, Google Chrome (též Chromium) – nejoblíbenější webový prohlížeč, Android – nejoblíbenější mobilní operační systém. Všechny jsou vyvíjeny jen dobrovolníky z celého světa, v samoorganizujícím procesu zvaném „forking", kde nejlepší myšlenky a postupy přirozeně převládají.

Viděli jsme vzestup bezplatného internetového obsahu

– YouTube, Wikipedie, Yahoo, Google, Facebook atd. Přestože většina jmenovaných má v současnosti obchodní model založený na reklamě, všechny začaly – a udělaly si jméno – jako čistě dobrovolnické služby. Mladší generace dnes očekávají, že budou mít obsah jako hudbu, videa a software zdarma, protože to je teď standard.

Rychlým hledáním na Internetu taky zjistíme, že svobodomyslné projekty rostou jako houby po dešti. Obchodní modely „plať kolik chceš" nebo „příspěvkování" (z anglického „contributionism"), kde platíte jen tolik, kolik chcete, nebo portály, kde lidi nabízejí zboží a služby zdarma nebo výměnou, např. *Freecycle, Freeworlder, Timebanks, Streetbank, Hearth.net* jsou čím dál rozšířenější. Projekty ekologické výstavby jako Otevřená ekologie a Přírodní domovy nabízejí snadná a kvalitní řešení výstavby domovů za pár babek. Spousta hnutí typu „konec kapitalismu" jako *Occupy Wall Street, Anonymous, Charta Svobodného Světa, Ubuntu, Projekt Venus, Hnutí Zeitgeist* atd. vidí ve spolupracující a bezpeněžní ekonomice jedinou životaschopnou budoucnost. Mnoho slavných a uznávaných lidí jako Russell Brand, Lee Camp, Paul Mason (novinář) a Jeremy Rifkin (vládní poradce) používají svou popularitu, aby nás nechali nahlédnout pod pokličku toho, co se skutečně děje a jaké nové možnosti máme. Je jen otázka času, než se k nim mnoho dalších celebrit přidá.

Dokonce i projekty jako Uber a AirBnb nám ukazují, jak podniky založené na lidské spolupráci válcují starý model centrální správy.

Ale bez ohledu na to, co se děje teď, Otevřená ekonomika v mnoha ohledech *vždy* existovala přímo před našima očima.

Všichni jsme členy různých exkluzivních „klubů". Naše rodiny, přátelé, kolegové, sousedi. Znova a znova jsme v našich životech dobrovolnými spolupracovníky v těchto „klubech", když dáváme nepodmíněně, nebo si řekneme ostatním, když sami potřebujeme pomoc – váš bratr potřebuje někam hodit, kolega potřebuje pomoct něco opravit, kamarádovi něco odněkud převezete, potřebujete si půjčit sekačku od souseda atd.

Pro většinu z nás jsou tyto skutky nepodmíněného dávání a sdílení tak automatické, že jim ani nevěnujeme pozornost; a přesto jsou to přesně ty úkony, které zajišťují chod společnosti a tvoří základní stavební kameny Otevřené ekonomiky.

A není to jen pomáhání lidem, které znáte a milujete. Pomáháme taky lidem, které neznáme. Většina z nás přispěchá na pomoc, když vidíme, že někdo spadl nebo něco upustil; dáváme peníze na charitu a tím pomáháme neznámým lidem, kteří to potřebují; spojujeme síly v dobách krize – i když to někdy může být nebezpečné; snažíme se co nejlépe poradit cizinci, který se nás ptá na cestu; držíme otevřené dveře tomu, kdo jde za námi.

Tohle všechno přispívá k Otevřené ekonomice, už teď se to děje – a všichni to děláme!

Chování a vzor pro přirozenou spolupráci už tu jsou. Jen je potřebujeme rozšířit mimo okruh našich přátel a rodiny, mimo období krizí, bez potřeby odměny, směrem k jedné velké rodině a vzájemné zodpovědnosti.

Požadovaná změna chování je malá a když uvidíme, že ji dělají i ostatní, výsledné chování zakoření v našich duších. *Když nám nějaké chování přináší prospěch, máme tendenci takové chování opakovat.*

Rychlost společenské změny

Díky našemu společenskému propojení se nové informace v „síti" šíří velmi rychle. Když někdo přijde se skvělým novým vynálezem nebo něco velkého odhalí, všichni se o tom rychle dozvědí.

Když se objevily mobilní telefony, byly revoluční. Každý ho hned chtěl. Samozřejmě to byla stále dost primitivní a zároveň drahá technologie, ale poptávka zákazníků byla tak velká, že se situace změnila hodně rychle. Po 20 letech má mobilní telefon skoro každý člověk na planetě.

Ale co změny v chování? Nejlepším příkladem z nedávné doby je určitě recyklování. Na počátku

90. let 20. století začali ekologové tlačit na vlády kvůli riziku klimatických změn.

Taková společenská změna se značně liší od příkladu s mobilními telefony, protože z recyklování nikdo nemá přímý užitek. Přesto, díky silným mediálním a informačním kampaním, se recyklování stalo módní záležitostí. V současnosti skoro každá domácnost v západním světě aktivně a zodpovědně třídí odpad.

Tento fenomén s recyklováním je klíčový, protože nepramení ze soukromého zájmu. Je příčinou většího dobra, které úspěšně změnilo chování miliard lidí.

Stejný postup přinese i Otevřenou ekonomiku, až ji my lidé budeme dostatečně žádat.

Zavádění Otevřené ekonomiky dnes

Na rozdíl od recyklování však tato změna nejspíš nepřijde od vůdců současného systému, protože ti jsou do něj příliš osobně zapojení. To se možná změní, ale je to na lidech jako vy, já a miliónech dalších jako my, abychom o tom dali vědět ostatním a přinesli Otevřenou ekonomiku všem.

Teď když se myšlenky sdílení a spolupráce stávají schůdnými alternativami pro lidi, už se zapojují i média a Internet. Ale takové sdílení potřebuje dosáhnout kritické „hranice užitečnosti", kdy začne konkurovat stávajícímu tržnímu systému. Pak bude tak populární, že hlavní média už ho nebudou moct ignorovat. *Tehdy* se ledy pohnou.

Úspěšná Otevřená ekonomika vyžaduje, aby všichni spolupracovali na vytvoření kýžené hojnosti a rozmanitosti dovedností, ale už dnes existuje mnoho způsobů, jak ji dát najevo. Když ji dáváme najevo, nejenže se vzdalujeme od starých systémů, ale zároveň se učíme a vylepšujeme nový systém, zatímco ho představujeme ostatním. Následuje přehled toho, co už dnes můžete dělat.

Sdílení!

Vytvořte si zvyk sdílení vašeho času, dovedností a zdrojů s lidmi, které znáte. Navštivte weby jako Freecycle, Freeworlder, Freegle, Streetbank, Timebanks, Hylo. Všechny tyto weby umožňují hledat a nacházet ve vašem okolí užitečné věci, které si můžete vzít nebo půjčit, nebo služby zdarma nabízené různými lidmi.

Komunitní sdílení

Založte ve vaší oblasti skupinu svobodného sdílení, nebo se připojte k existující. Existuje mnoho příkladů a vzorů, kterými se můžete inspirovat. Vyzkoušejte „Community Sharing Circle" na Freeworlder.com. Větším skupinám a vesnicím se může hodit Ubuntu Contributionism.

Pokud máte k dispozici obchodní prostor, obchod nebo prostor na veřejném místě, zvažte založení stánku typu „vezmi nebo odlož" nebo „místo ke sdílení", kde lidi budou moct bezplatně brát nebo dávat věci.

Soběstačnost

Soběstačnost je pro mnoho lidí velmi lákavým způsobem života a projevem rebelie, ale měl bych přidat varovnou poznámku: To, kam se potřebujeme dostat, je spolupracující společnost. Nezávislý život je sebestředný, což odpovídá podobné mentalitě, která nás dostala do současných potíží.

Každopádně se všichni potřebujeme naučit, jak být nezávislejší a zodpovědnější. Pěstovat si vlastní jídlo je s trochou trpělivosti snadné a – věřte tomu, nebo ne – vyrůstá přímo ze země – zdarma! A když máte dostatek, můžete plody své práce i sdílet!

Zvažte i jiné způsoby, jak se přiblížit k nezávislosti, jako třeba solární ohřev vody, zachytávání dešťové vody, používání alternativních zdrojů energie v autě nebo na vytápění. Většina z nich stojí peníze, ale s trochou důvtipu a s pomocí Internetu často najdete levné nebo dokonce bezplatné alternativy.

Vzdělávejte se!

V dnešní době už se skoro nemůžete vymlouvat, že si na nějakou činnost někoho najímáte – můžete se to taky naučit! Téměř na všechno, co potřebujete udělat, už existují výuková videa a návody na YouTube a wikiHow. Všechno od stříhání vlasů přes pěstování vlastní zeleniny po opravu auta – všechny tyhle informace už tam jsou – zdarma od dobrovolníků! Když se naučíte novou dovednost, posílí vás to.

Navíc, pokud máte určitou dovednost, proč byste o tom třeba nemohli natočit video, pomocí kterého byste ji předali dalším lidem?

Půjčovny vybavení

Najděte půjčovnu vybavení poblíž vašeho bydliště. Pokud žádná v okolí není, založte ji. Je to skvělý způsob, jak sdílet nářadí a vybavení, které používáme zřídka. Princip půjčoven je mezi lidmi dobře známý, takže jí snadno přijdou na chuť.

Sdílení auta / spolujízda

Tohle není jen způsob, jak ušetřit za pravidelné dojíždění, ale je to i dobrá šance popovídat si s řidičem nebo spolujezdcem o výhodách a možnostech Otevřené ekonomiky.

Nejspíš tomu tématu budou dostatečně nakloněni a nevyloží vás na kraji silnice!

Používejte otevřený software

Zvažte používání otevřeného softwaru na svém počítači. Tento software je už velmi pokročilý. Linux a Ubuntu jsou silní soupeři Windows; OpenOffice a LibreOffice nabízí stejné možnosti jako Microsoft Office. GIMP je stejně dobrý nebo lepší než Photoshop. Audacity je skvělý nástroj pro záznam zvuku a VSDC je výkonný nástroj pro úpravu videa. To bylo jen několik příkladů. Po krátkém hledání najdete mnoho dalších otevřených softwarových nástrojů z vaší konkrétní oblasti.

Postavte si vlastní bydlení

Sháníte bydlení? Zkuste si postavit ekologické obydlí ze zbytků nebo recyklovaných materiálů. Opět, díky Internetu jsou k dispozici tuny informací a návodů, které vám pomůžou postavit si vlastní bydlení od základů. Tyto ekologické domy také obecně mají mnohem vyšší energetickou účinnost než běžné domy a stojí jen zlomek ceny.

Samozřejmě to může být hodně pracné, ale když máte nadšení nebo hodně přátel, kteří vám pomůžou, zvládnete to! Earthships, Natural Homes a Open Source Ecology vám dodají dechberoucí inspiraci. Pokud zvažujete uvázat se k celoživotnímu splácení hypotéky, nedělejte to!!

Staňte se guru v opravování

Oprašte jemné umění opravářské – staré nebo rozbité věci opravujte nebo je využijte jinak. V dobách našich rodičů a prarodičů to bylo běžné, ale pak tomu zkřížila cestu kultura plastů a jednorázových krámů. To, co už nejde opravit, se skoro vždy dá použít k jinému účelu, takže to nevyhazujte a buďte tvořiví!

Kavárna–opravna

Jestli rádi opravujete věci, můžete se připojit ke kavárně-opravně (anglicky „repair café") nebo ji založit. Tyto provozovny jsou v Evropě čím dál oblíbenější. Pokud máte obchod, založení je o to snazší. Princip je, že lidi přináší svoje rozbité věci, během opravy si dají kafčo a popovídají si. Má to velký sociální podtext. Placení je zcela dobrovolné.

Přejděte na veganství!

Nesouvisí to přímo s Otevřenou ekonomikou, ale souvisí to se soucitem, zdravím a životním prostředím.

Nejenže ušetříte utrpení zvířatům, ale už je zcela prokázané, že rostlinná strava je lepší pro lidské tělo a že živočišná výroba je jednou z hlavních příčin klimatické změny, a to jednak kvůli emisím metanu a jednak kvůli odlesňování za účelem rozšiřování pastvin.

Dnes už je k dispozici spousta alternativ k masu, mléku a sýrům, takže přechod je velmi snadný!

Šiřte povědomí

Mluvte o svých „svobodných" aktivitách s lidmi, které znáte. Seznamte je s myšlenkami Otevřené ekonomiky. Pište o tom na sociálních sítích. Podívejte se na iniciativy jako Charta Svobodného Světa, Hnutí Zeitgeist, Projekt Venus, Ubuntu, New Earth Nation, Money Free Party, ekonomika založená na zdrojích[10]. O těchto tématech už existuje obrovské množství

---

10 Poznámka překladatele: Spojení „ekonomika založená na zdrojích" má 2 významy: peněžní a nepeněžní. Zde je myšlen ten nepeněžní.

informací, takže rozhodně je co šířit.

Propagujte tuto knihu

Záměrně jsem tuto knihu napsal co nejkratší a nejsrozumitelnější, aby se myšlenka v ní obsažená dostala k co největšímu množství lidí.

Prosím citujte z této knihy, sdílejte ji na sociálních sítích, podělte se o ni s přáteli. Pokud chcete, můžete ji přetisknout[11] a rozdat nebo prodat lidem ve vaší oblasti, o kterých si myslíte, že jsou na tuto zprávu připravení.

Tato změna začíná u mě a u vás. Tak se do toho pustíme?

Do Otevřené ekonomiky

freeworlder.com

---

11 Licenci k přetisku poskytuje autor – více informací v tiráži.

Doporučené weby:

www.freeworldcharter.org/cs

www.freeworlder.com

www.zeitgeistmovement.cz

www.thevenusproject.com

www.newearthnation.org

www.ubuntuparty.org.za

Hledejte na YouTube:

„vše bezplatné a svobodné"

„zeitgeist addendum cz"

„jacque fresco"

„contributionism"

„ekonomika založená na zdrojích"

„peter joseph"

„alan watts"

„ekonomika daru"

Další knihy od tohoto autora:

F-Day: The Second Dawn Of Man
Odpočet k bezpeněžnímu světu. Příběh přeměny.

www.ingramcontent.com/pod-product-compliance
Lightning Source LLC
Chambersburg PA
CBHW060637210326
41520CB00010B/1638

*9 7 8 0 9 5 6 0 6 4 0 9 7 *